하루하루 와카

하루하루 와카

박성민 엮고 옮김

시와서

차례

1장 사랑 ... 7
사랑이라는 색은 없지만

2장 자연 ... 53
봄에는 꽃

3장 인생 ... 115
눈물은 이렇게나 무거운 것이었나

작가 소개 ... 164

옮긴이의 말 ... 173

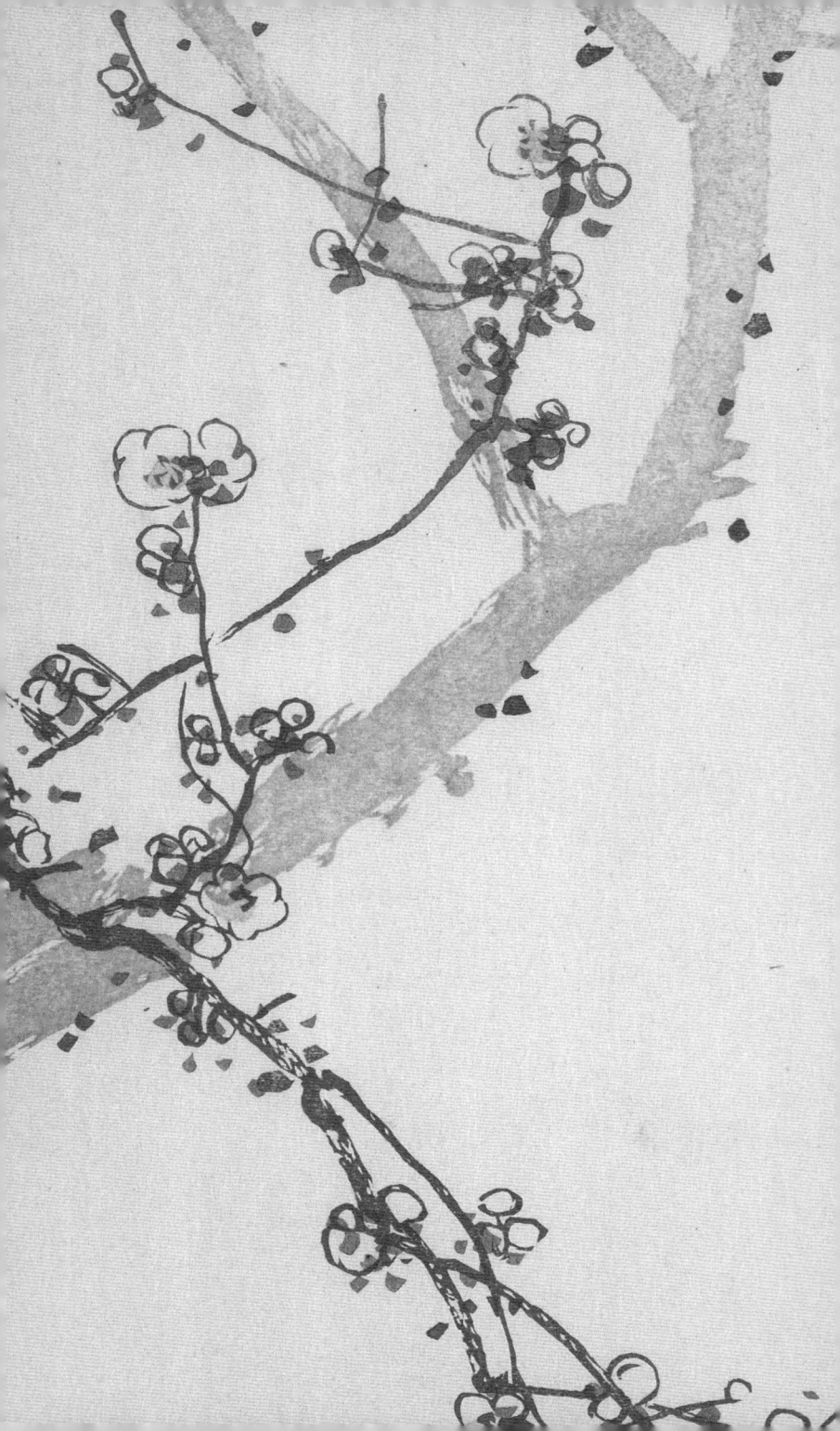

1장
사랑이라는 색은 없지만

이 세상에
사랑이라는 색은
없지만
몸속 깊이
스미는 것이었네

世の中に恋といふ色はなけれども
ふかく身にしむものにぞありける

　　　　　　　　　　　　　　　이즈미 시키부

어느 쪽일까
세상에 없는 편이
더 나은 쪽은
잊는 사람과
잊혀지는 사람 중에

いづれをか世になかれとは思ふべき
忘るる人と忘らるる身と

　　　　　　　　　　　　　　　이즈미 시키부

검은 머리칼
헝클린 줄도 모르고
누워 있으니
처음 머리 빗어준
사람이 그리워라

黒髪のみだれもしらずうち臥ふせば
まづかきやりし人ぞ恋しき

        이즈미 시키부

끊어질 테면
끊어져 버려라
그대가 나의
목숨줄 되리라고는
생각지도 못했네

絶え果てば絶え果てぬべし玉の緒に
君ならむとは思ひかけきや

        이즈미 시키부

그대 그리는
내 마음 천 갈래로
부서졌지만
그 어느 것 하나도
사라지진 않았네

君恋ふる心は千々にくだくれど
ひとつも失せぬものにぞありける
  이즈미 시키부

봄이 찾아와
오직 나의 집에만
매화가 피면
떠나버린 사람도
보러 올 텐데

春はただわが宿にのみ梅咲かば
かれにし人も見にと来なまし
  이즈미 시키부

그저 멍하니
하늘만 쳐다보네
그리운 이가
하늘에서 내려올
것도 아닌데

つれづれと空ぞ見らるる思ふ人
天降り来むものならなくに

이즈미 시키부

없어질 이 몸
저 세상에 가져갈
추억이 되도록
지금 한 번만이라도
만날 수만 있다면

あらざらむこの世の外の思ひ出に
今ひとたびの逢ふこともがな

이즈미 시키부

매화 향기를
그대의 향기에
빗대어 보았더니
매화꽃 피는 때를
아는 몸이 되었네

梅の香を君によそへてみるからに
花のをり知る身ともなるかな
                             이즈미 시키부

해질 무렵엔
그리워하는 마음
더해지는가
나 아닌 다른 이에게
물어보고 싶어라

夕暮に物思ふことはまさるやと
我ならざらむ人にとはばや
                             이즈미 시키부

봄날의 비가
개울에 내리듯
소리도 없이
남들도 모르게
눈물 젖는 옷소매

春雨のさはへふるごと音もなく
人に知られで濡るる袖かな
오노노 고마치

얼핏 잠들어
사랑하는 사람을
보고 나서는
꿈이라고 하는 것에
기대게 되었네

うたたねに恋しき人をみてしより
夢てふものは頼みそめてき
오노노 고마치

이슬 같은 목숨
덧없지 아니한가
아침 저녁
살아 있는 한은
만나고 싶어라

露の命はかなきものを朝夕に
生きたるかぎり逢ひ見てしがな

오노노 고마치

사무치도록
그대가 그리울 때는
칠흑 같은 밤
잠잘 때 입는 옷을
뒤집어서 입어요

いとせめて恋しき時はむば玉の
夜の衣をかへしてぞきる

오노노 고마치

그리워하며
잠이 들어 그대가
보였던 걸까
꿈인 줄 알았다면
깨지 않았을 것을

思いつつ寝ればや人の見えつらむ
夢と知りせばさめざらましを

          오노노 고마치

그리움에 지쳐
잠시 잠들고 싶네
꿈속에서
보이면 만나겠지
안 보이면 잊겠지

恋ひわびしばしも寝ばや夢のうちに
見ゆれば逢ひぬ見ねば忘れぬ

          오노노 고마치

밤새도록
허무하게 보이는
여름벌레처럼
점점 더 헤매이는
사랑을 하는구나

よひのまもはかなく見ゆる夏虫に
まどひまされる恋もするかな

기노 도모노리

목숨이란 게
무엇일까 이슬처럼
덧없는 것을
만남과 바꾼다면
아쉬울 것 없으리

命やは何ぞは露のあだものを
あふにしかへば惜しからなくに

기노 도모노리

저녁이 되면
반딧불보다도 더
타오르는데
그 빛을 못 보는 걸까
그대는 무정하구나

夕されば蛍よりけにもゆれども
ひかり見ねばや人のつれなき

            기노 도모노리

그대가 아니면
누구에게 보이리
매화꽃
이 빛깔도 향기도
아는 이만 알 텐데

君ならで誰にか見せむ梅の花
色をも香をも知る人ぞ知る

            기노 도모노리

만남이란
눈물의 구슬을
꿰는 끈이런가
잠시라도 끊어지면
떨어져 흩어지네

あふことや涙の玉の緒なるらん
しばし絶ゆれば落ちてみだるる

　　　　　　　　　　　　　　　　　　작자 미상

님이 왔던 걸까
내가 갔던 것일까
알 수가 없네
꿈인가 생시인가
잠결인가 깬 것인가

君やこし我やゆきけんおもほえず
夢かうつゝかねてかさめてか

　　　　　　　　　　　　　　　　　　작자 미상

생각할수록
신기하기만 하구나
그대를 보지
않았던 시절에는
어떻게 지냈을까

思へどもなほぞあやしき逢ふことの
なかりし昔いかでへつらむ

무라카미 덴노

깊고 깊은
산속의 물방울에
그대 기다리며
내내 서서 젖었네
산속의 물방울에

あしひきの山のしづくに妹待つと
わが立ち濡れし山のしづくに

오쓰노 미코

괴로운 마음
무심한 척 얼굴을
지어보지만
소매에 떨어지는
빗물의 쓸쓸함

わびぬればつれなし顔はつくれども
袂にかかる雨のわびしさ
        후지와라노 요시타카

그대를 위해
아깝지 않다 여긴
목숨이건만
이제는 길었으면
하고 바라는구나

君がため惜しからざりし命さへ
長くもがなと思ひけるかな
        후지와라노 요시타카

꽃을 보는
마음은 다른 곳에
떨어져 있고
내 몸에 붙은 것은
그대의 모습이네

花を見る心はよそに隔たりて
身に付きたるは君が面影

                                                사이교

그리움이여
그리움에 지쳐
바라다보니
더더욱 내 마음을
깨부수는 달빛

恋しさや思ひよわるとながむれば
いとど心をくだく月影

                                                사이교

이제 알았네
기억해달라고
맹세한 것이
나를 잊으려 했던
마음이었다는 걸

今ぞ知る思ひ出でよとちぎりしは
忘れむとての情けなりけり

사이교

가지가지
어지러이 흩어진
내 마음이
그대 곁에 가서야
한 다발로 모이네

さまざまに思ひみだるる心をば
君がもとにぞ束ねあつむる

사이교

바람이 불면
봉우리에서 갈라지는
흰 구름처럼
너무나도 무정한
그대의 마음인가

風吹けば峰にわかるる白雲の
たえてつれなき君が心か

                                                미부노 다다미네

새벽녘 달이
무정하게 보였던
헤어짐이여
그 후로 새벽만큼
괴로운 것은 없네

有明のつれなく見えし別れより
暁ばかり憂きものはなし

                                                미부노 다다미네

차라리 그냥
가만히 있을 것을
무엇 때문에
만나기 시작했을까
이루지 못할 것을

なかなかに黙もあらまし何すとか
相見そめけむ遂げざらまくに
        오토모노 야카모치

고개를 들어
초승달 바라보니
얼핏 보았던
그이의 그린 눈썹
저절로 떠오르네

ふりさけて三日月見れば一目見し
人の眉引思ほゆるかも
        오토모노 야카모치

만나지 못해
시름에 잠긴 이때
내 옷소매에
머무는 달조차도
젖은 얼굴이구나

あひにあひて物思ふころのわが袖に
やどる月さへぬるる顔なる

            이세

나니와가타의
억새풀 마디만큼
짧은 시간도
못 만나는 이 세상을
살라는 말인가요

難波潟みじかき芦のふしの間も
逢はでこの世を過ぐしてよとや

            이세

생각의 강물
끊임없이 흐르네
물거품처럼
그대를 못 만나고
사라져버리는 걸까

思ひ川たえずながるる水のあわの
うたかた人に逢はで消えめや

            이세

생각도 못했네
서로 만나지 못한
지난 세월을
헤아리며 지내게
될 줄이라고는

思ひきやあひ見ぬほどの年月を
かぞふばかりにならむものとは

            이세

가을 산속의
단풍이 무성하여
길을 헤매는
그대를 찾으려 해도
산길을 알 수 없구나

秋山の黄葉を茂み迷ひぬる
妹を求めむ山道知らずも

가키노모토노 히토마로

여름 풀숲에
이슬 헤치며 입은
옷도 아닌데
어찌 내 옷소매는
마를 때가 없는가

夏草の露わけごろも着もせぬに
などわが袖のかわく時なき

가키노모토노 히토마로

잊지 않겠다는
약속 끝까지 가기
어렵다면
오늘이 마지막인
목숨이길 바라네

忘れじの行末まではかたければ
けふを限りの命ともがな

다카시나노 기시

한 번 보았던
그대가 다시 오려나
벚꽃이여
오늘만 기다렸다가
지려면 지려무나

ひとめ見し君もやくると桜花
けふはまち見てちらばちらなむ

기노 쓰라유키

거기 누구냐고
나에게 묻지 마라
구월의
이슬에 젖은 채
그대 기다리는 나에게

誰そ彼と我れをな問ひそ九月の
露に濡れつつ君待つ我れを

           작자 미상

사랑하는 그대
못 견디게 그리워
꿈에서 보려
나는 생각하지만
잠들 수가 없구나

吾妹子に恋ひてすべなみ夢見むと
我は思へど寝ねらえなくに

           작자 미상

내 님 어디에도
가지 않을 거라고
쪼개진 대나무처럼
등 돌리고 잔 것이
이제야 후회되네

わが背子をいづち行かめとさき竹の
そがひに寝しく今し悔しも

작자 미상

버드나무도
베면 또 자라는데
세상 사람의
죽을듯한 사랑은
어찌하란 말인가

柳こそ伐れば生えすれ世の人の
恋に死なむをいかにせよとぞ

작자 미상

집 근처에
매화를 심지 않으리
부질없이
기다리는 님의 향기로
잘못 알았기에

やどちかく梅の花うゑじあぢきなく
まつ人のかにあやまれけり
작자 미상

흐르는 물에
숫자를 쓰는 것보다
더 헛된 것은
날 생각지 않는 이를
생각하는 것이었네

行く水に数かくよりもはかなきは
思はぬ人を思ふなりけり
작자 미상

우레 소리
조금 울리고
구름 흐리니
비라도 내리려나
그대 붙잡고 싶네

雷神の少し響みてさし曇り
雨も降らぬか君を留めむ

　　　　　　　　　　　　　　작자 미상

우레 소리
조금 울리며
비 내리지 않아도
나는 머무를 테요
님이 붙잡는다면

雷神の少し響みて降らずとも
我は留らぬ妹し留めば

　　　　　　　　　　　　　　작자 미상

하얀 손을
나에게 맡기고
우는 사람의
애처로움이여 어깨의
가녀린 모습이여

白き手をわれにあづけて泣く人の
あはれや肩のこの細りやう

다케히사 유메지

그리운
아가씨로만
생각했는데
어느샌가 슬픈
연인이 되는구나

なつかしき娘とばかり思ひしを
いつか悲しき恋人となる

다케히사 유메지

터무니없는
이야기조차도
재미있는가
헤어지는 아침의
거짓 눈물마저도

辻褄のあはぬ話もおもしろや
かのきぬぎぬのうその涙も

                                                다케히사 유메지

또로록 또록
그대의 눈물 속에
떠도는구나
이해하지 못하는
두 사람의 마음이

ほろほろと君の涙に漂へり
理解されざる二つの心

                                                다케히사 유메지

호수의 물이
얼기 시작한 것을
보았던 봄도
내가 잊지 않으면
그대도 잊지 않겠지

湖の氷る初めを見し春も
我れ忘れねば君も忘れじ

          요사노 아키코

이제 질렸다고
사랑의 끝이라고
생각했건만
이 쓸쓸함마저도
사랑의 연속이구나

飽くをもて恋の終と思ひしに
此さびしさも恋のつづきぞ

          요사노 아키코

나의 노래에
눈동자의 빛깔이
촉촉해졌던
그대가 떠나고서
열흘이 흘렀구나

わが歌に瞳のいろをうるませし
その君去りて十日たちけり

요사노 아키코

들판의 매화
꽃가지 하나라면
충분하겠지
이것은 그저 짧고도
짧은 이별이기에

ひと枝の野の梅をらば足りぬべし
これかりそめのかりそめの別れ

요사노 아키코

왠지 모르게
그대 기다리는 듯해
나가 보니
꽃이 핀 들판에
저녁 달밤이구나

なにとなく君に待たるるここちして
出でし花野の夕月夜かな

요사노 아키코

외로워서
백이십 리 먼 길을
무심코 왔다고
말하는 사람이 있다면
있다면 어떻게 될까

さびしさに百二十里をそぞろ来ぬと
云ふ人あらばあらば如何ならむ

요사노 아키코

긴 머리의
소녀로 태어나
하얀 백합에
이마를 숙인 채
그대를 생각하네

髪長き少女とうまれしろ百合に
額は伏せつつ君をこそ思へ

          야마카와 도미코

헤어진 후로는
달리 즐거운 것이
하나도 없네
보석보다 더 귀한
그대의 편지구나

別れては外にたのしき物もなし
玉にもまさる君の玉づさ

          마사오카 시키

약속을
하지도 않았는데
저녁이 되면
이상하게도 그가
기다려지는구나

契りおきし物ならなくに夕ぐれは
あやしく人の待たれぬるかな
　　　　　　　　　　　　히구치 이치요

또 다시
만나게 될 밤이
있을 텐데도
어째서 죽을 듯이
괴로운 이별인가

また更にあふべき夜半もあるものを
など死ぬばかりつらき別ぞ
　　　　　　　　　　　　히구치 이치요

복숭아꽃이
그대를 닮았다고
말할 수 없어
그저 아름답다고
칭찬만 할 뿐이네

桃の花君に似るとはいひかねて
ただうつくしと愛でてやみしか

　　　　　　　　　　　　가네코 군엔

아득히 멀리
별이 지는 한밤의
사랑 이야기
슬픔의 세상으로
나는 들어갔구나

はるばると星落つる夜の恋がたり
悲しみの世にわれ入りにけり

　　　　　　　　　　　　사이토 모키치

깊은 산에서
한 마리 짐승이 홀로
죽는 것보다
쓸쓸한 게 아닐까
사랑의 마지막은

山奥にひとり獣の死ぬるより
さびしからずや恋の終りは

       와카야마 보쿠스이

만나지 못해
온몸으로 느끼던
외로움과
서로가 만난 후의
이 외로움

あひもみで身におぼえゐしさびしさと
相見てのちのこの寂しさと

       와카야마 보쿠스이

바다가 슬퍼
산도 또한 슬프네
취해 넋이 나간
사랑의 눈동자엔
하늘도 땅도 없네

海哀し山またかなし醉ひ癡れし
戀のひとみにあめつちもなし

         와카야마 보쿠스이

눈을 감고
그대는 나무에 기대
바다를 듣네
그 머나먼 소리엔
무엇이 숨었을까

眼をとぢ君樹によりて海を聽く
その遠き音になにのひそむや

         와카야마 보쿠스이

입맞춤을
거절하는 그대는
조금 멀리
떨어진 채 창밖의
초여름 구름을 본다

くちつけをいなめる人はややとほく
はなれて窓に初夏の雲見る
                             와카야마 보쿠스이

아아 입맞춤
바다는 그 모습 그대로
해는 멈추고
새는 날아오르며
죽어버려라 지금

ああ接吻海そのままに日は行かず
鳥翔ひながら死せ果てよいま
                             와카야마 보쿠스이

모래언덕의
모래 위에 엎드려
첫사랑의
아픔을 아득히
떠올리는 날

砂山の砂に腹這ひ初恋の
いたみを遠くおもひ出づる日

이시카와 다쿠보쿠

나뭇가지에
내려앉은 작은 새
그대를 위해
한 번만 울어다오
그런 생각을 한다

枝の上にとまれる小鳥君のために
只一聲を鳴けよとぞ思ふ

나가쓰카 다카시

잎 속에 숨어
지지 않고 남은 꽃
오직 그것만이
그리운 그대를
만나는 기분이네

葉隠れに散りとどまれる花のみぞ
しのびし人に逢ふ心ちする

사이교

빛나는 햇살
카나리아처럼
떨릴 때
유리창에 기대니
그이가 그리워라

日の光金糸雀のごとく顫ふとき
硝子に凭れば人のこひしき

기타하라 하쿠슈

히아신스가
연한 보랏빛으로
피어났구나
처음으로 마음이
떨리기 시작한 날

ヒヤシンス薄紫に咲きにけり
はじめて心顫ひそめし日

       기타하라 하쿠슈

이토록이나
검고도 슬픈
색이 있을까
그리운 내 님의
봄날의 눈빛이여

かくまでも黒くかなしき色やある
わが思ふひとの春のまなざし

       기타하라 하쿠슈

이른 여름날
도시의 큰 길에
저녁 석양빛
다시 한 번 그대와
걸을 수만 있다면

初夏の都大路の夕あかり
ふたゝび君とゆくよしもがな

아쿠타가와 류노스케

짝사랑하는
나의 삶이 쓸쓸해
히아신스
연한 보랏빛으로
향을 피우기 시작했네

片恋のわが世さみしくヒヤシンス
うすむらさきににほひそめけり

아쿠타가와 류노스케

괴롭구나
사랑이라는 것은
로맨틱한 소년은
온종일 홀로이
눈물을 흘리는데

憂しや恋ろまんちつくな少年は
日ねもすひとり涙流すも

아쿠타가와 류노스케

초이틀 달이
그대 새끼손가락
손톱보다도
희미하게 비치네
마음이 애달파라

二日月君が小指の爪よりも
ほのかにさすはあはれなるかな

아쿠타가와 류노스케

병을 앓은 뒤
내 헝클어진 머리
가만가만히
빗어주던 남자가
그리워지는 가을

をとなしく病後のわれのもつれがみ
ときし男のしのばるゝ秋
         오카모토 가노코

버리겠다고
못된 마음먹을 때
그대 서둘러
나를 찾아왔으니
어찌 버릴 수 있으리

捨てむなど邪おもふ時に君
いそいそと来ぬなど捨て得むや
         오카모토 가노코

슬픔을
가만히 참으면서
곁에 있는
등불을 바라보는
말이 없는 두 사람

悲しさをじつと堪えてかたはらの
灯をばみつめてもだせるふたり
오카모토 가노코

그대만을
탓하며 살았지만
요즈음에는
뒤돌아보니 문득
쓸쓸해져버렸네

君のみを咎め暮せしこの日頃
かへりみてふと淋しくなりぬ
오카모토 가노코

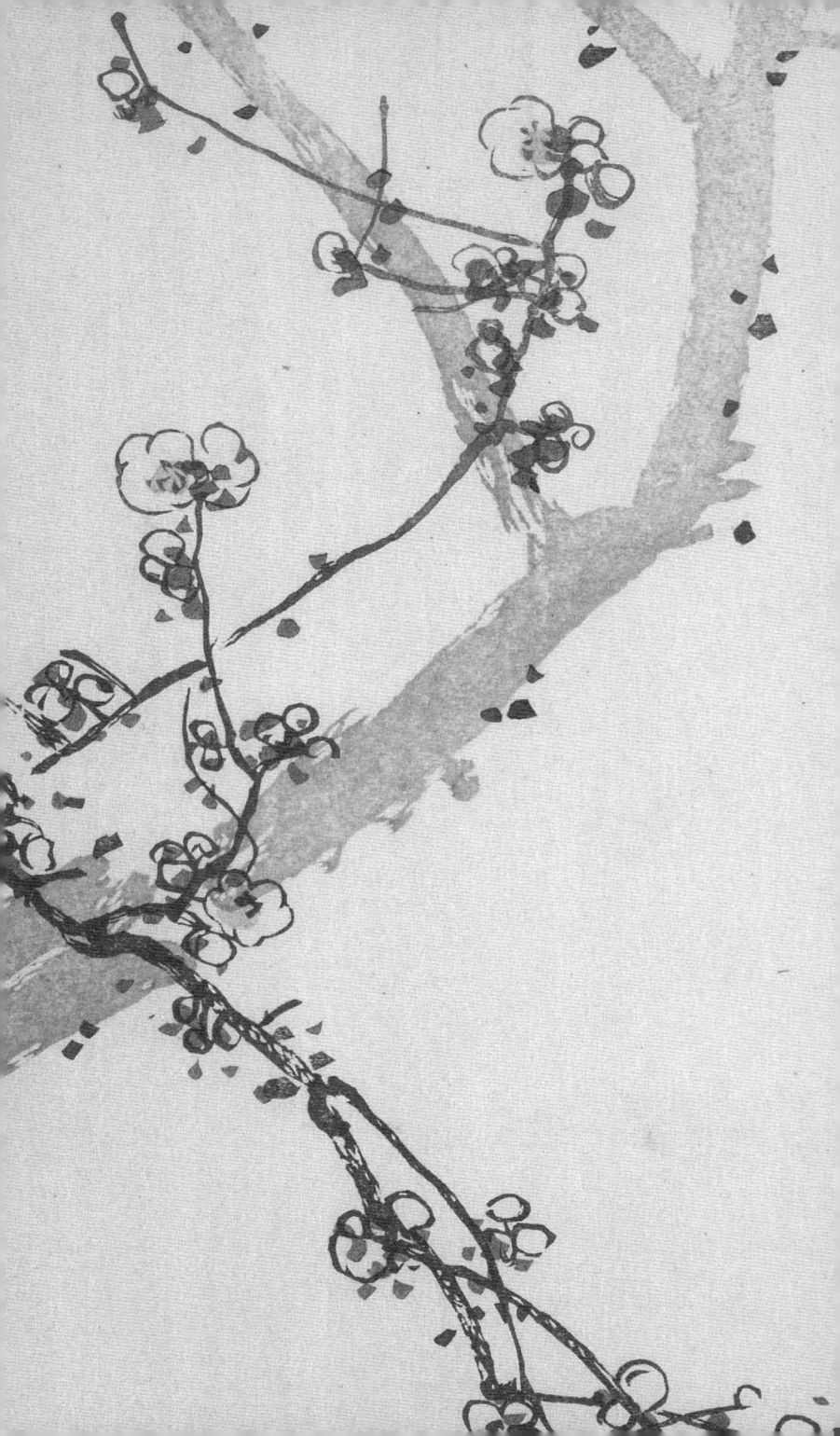

2장

봄에는 꽃

봄에는 꽃
여름에는 두견새
가을에는 달
겨울에는 눈, 시리도록
차갑구나

春の花夏ほととぎす秋は月
冬雪さえて冷しかりけり

         도겐

덧없게도
봄날에는 목숨이
아까워지네
꽃이야말로 이승의
속박이었구나

あぢきなく春は命の惜しきかな
花ぞこの世のはだしなりける

         이즈미 시키부

골짜기 바람에
녹아내리는 얼음
그 틈새마다
솟아오르는 물결
봄의 첫 꽃이런가

谷風にとくる氷のひまごとに
うち出づる浪や春の初花

                              미나모토노 마사즈미

봄이 되면
아스라하게 꽃도
피어 있겠지
사르르 누군가의
오비가 풀리겠지

人春なればほのかに花も咲きつらむ
そよらと人の帶やとくらむ

                              다케히사 유메지

나의 정원에
매화꽃 떨어지네
아득히 먼
하늘에서 구름이
흘러내리는지도

わが園に梅の花散るひさかたの
天より雲の流れ来るかも

오토모노 다비토

내 님에게
보여주고 싶었던
매화나무 꽃
꽃인 줄도 모르겠네
눈이 내려앉으니

我が背子に見せむと思ひし梅の花
それとも見えず雪の降れれば

야마베노 아카히토

달빛 비치는
매화나무 사이에
멈추어 서니
내 옷 소맷자락에
그림자 내려앉네

月てらす梅の木の間にたたずめば
わが衣手の上に影あり

마사오카 시키

어디쯤에
피었나 바라보니
꽃도 없구나
마음속 향기 나는
매화꽃이었을까

いづこにか咲けると見れど花もなし
こころの香なる梅にやあるらむ

오쿠마 고토미치

얼굴을 찌르는
빛이 느껴져서
눈을 떠보니
머리맡의 매화가
전부 다 피었구나

顔を刺すひかりを感じて目覚むれば
枕元の梅みなひらきたり

구보타 우쓰보

지더라도
향기만은 남기렴
매화꽃이여
그리운 그 시절의
추억으로 삼으리

散りぬとも香をだにのこせ梅の花
恋しきときの思い出にせむ

작자 미상

하룻밤 묵은
봄의 산자락에서
잠들었던 밤은
꿈속에서조차
꽃잎이 떨어졌네

やどりして春の山辺にねたる夜は
夢の内にも花ぞちりける

       기노 쓰라유키

화창한 햇살
한가로이 비치는
이런 봄날에
평온한 마음 없이
꽃은 지는 마는가

ひさかたの光のどけき春の日に
静心なく花の散るらむ

       기노 도모노리

봄이 오면
흐르는 강물이
꽃인 줄 알아
꺾지 못하는 물에
소맷자락만 젖네

春ごとにながるる河を花と見て
をられぬ水に袖やぬれらむ

           이세

마른 겨울의
들판으로 내 몸을
생각했다면
불타버린다 해도
봄을 기다렸을 텐데

冬がれの野べとわが身をおもひせば
もえても春を待たましものを

           이세

오는 이 없이
봄이 떠나는 정원
고인 물 위에
떨어져 모여 있는
황매화 꽃이구나

人も来ず春行く庭の水の上に
こぼれてたまる山吹の花

          마사오카 시키

벚꽃나무가
있는 힘을 다하여
꽃을 피우니
나도 목숨을 걸고
꽃을 바라보았네

桜ばないのちーぱいに咲くからに
生命をかけてわが眺めたり

          오카모토 가노코

산벚나무 꽃
떨어져 눈과 함께
흩날린다면
어느 것이 꽃인지
봄에게 물어보리

山桜ちりてみ雪にまがひなば
いづれか花と春に問はなむ

            이세

바람이 불면
금방 져버릴 몸을
알지 못하고
꽃이여 잠시만 더
하며 서두르는구나

風ふかば今も散るべき身を知らで
花よしばしとものいそぎする

          히구치 이치요

산벚꽃의
꽃봉오리가
꽃이 되는
사이의 그 생명 같은
사랑도 했었다네

山ざくら花のつぼみの花となる
間のいのちの恋もせしかな
         와카야마 보쿠스이

아침의 방에
꿈의 조각들이
흩어지듯
흩날려 들어오는
산벚나무 꽃인가

朝の室夢のちぎれの落ち散れる
さまにちり入る山ざくらかな
         와카야마 보쿠스이

지기 시작한
벚꽃을 보고 있으니
오늘 밤
비 내리는 사이에
봄이 가려는 걸까

散りそめし桜を見れば今宵ふる
雨のうちにや春は行くらん
히구치 이치요

산골 마을은
벚꽃의 눈보라에
아침저녁으로
꽃이 없는 뜰에도
꽃이 지며 쌓인다

山さとは桜吹雪に明暮れて
花なき庭も花ぞちりしく
다니자키 준이치로

벚꽃이 지고
바람이 지나간
흔적에는
물 없는 하늘에
물결이 일렁이네

桜花散りぬる風のなごりには
水なき空に波ぞ立ちける

기노 쓰라유키

봄날 한밤의
어둠에 닿는 감촉
촉촉하면서
검은 벨벳과 같은
손에 와 닿는 감촉

春の夜の暗の手ざはりぽとぽとと
黒びろふどのごとき手ざはり

오카모토 가노코

울며 건너는
기러기의 눈물이
떨어진 걸까
시름에 잠긴 내 집
싸리에 맺힌 이슬

鳴き渡る雁の涙や落ちつらむ
物思ふ宿の萩の上の露

        작자 미상

돌아가는 기러기
떠나고 나니 봄도
쓸쓸한데
어린아이가 줍는
논에 떨어진 깃털

かへる雁帰りて春もさびしきに
童のひろふ小田のこぼれ羽

        오쿠마 고토미치

잎사귀에 가려
푸른 열매를 보는
슬픔인가
꽃이 져버린 날의
나의 추억인가

葉がくれに青き果を見るかなしみか
花ちりし日のわが思ひ出か

         기타하라 하쿠슈

연한 초록빛
실을 드리우고
하얀 이슬을
구슬처럼 꿰었네
봄의 버드나무인가

浅緑糸よりかけて白露を
玉にもぬける春の柳か

         헨조

나의 얼굴을
비 온 뒤의 땅 위에
가까이 대고
원하는 만큼 맘껏
별꽃을 사랑하네

我が顔を雨後の地面に近づけて
ほしいまゝにはこべを愛す

           기노시타 리겐

뒤처질세라
엄마의 뒤를 쫓는
어린아이의
땋아내린 머리에
봄바람 불어온다

おくれては母のあと追ふをさな児の
おさげの髪に春の風ふく

           기노시타 리겐

두 사람에게
봄비 속의 우산이
작아서
소매자락 젖었네
유채꽃 핀 길에서

二人には春雨小傘ちひさくて
たもとぬれけり菜の花のみち

         기노시타 리겐

어렸을 적에
접시에 노랑을 풀고
파랑을 섞었네
그 초록빛으로
새싹이 돋아났네

子供の頃皿に黄を溶き藍をまぜし
かのみどり色にもゆる芽のあり

         기노시타 리겐

봄의 정원
다홍으로 피어난
복숭아꽃
그 아래 반짝이는
길에 서 있는 소녀

春の苑紅にほふ桃の花
下照る道に出で立つ少女

            오토모노 야카모치

새장은
가지에 걸어두고
기나긴 하루
복숭아꽃 송이를
세면서 바라본다

鳥籠はしづ枝にかけて永き日を
桃の花かずかぞへてぞ見る

            야마카와 도미코

진홍빛으로
두 자쯤 자란
장미의 새싹
그 가시에 부드럽게
봄비가 내리네

くれなゐの二尺伸びたる薔薇の芽の
針やはらかに春雨のふる

마사오카 시키

우리 집 문 앞
찔레꽃 새싹을
소리도 없이
쥐어뜯고 가버린
사람이 있는 저녁

我が門のいばらの芽などしめやかに
むしりて過ぐる人あるゆふべ

오카모토 가노코

애처로운
들장미 꽃송이를
비가 때린다
비 맞고 떨어지는
어렴풋이 하얀 꽃

しほらしき野薔薇の花を雨は打つ
たゝかれて散るほの白き花

기노시타 리겐

하늘거리는
버드나무를 보니
한가로운
으스름달밤에도
바람은 있었구나

打ちなびく柳をみればのどかなる
朧月夜も風はありけり

히구치 이치요

아침 해 비치는
잠이 깬 창가에
그림자 비치고
꽃 밟아 흩뜨리며
꾀꼬리가 우네

朝日さす寐ざめの窓に影見えて
花ふみちらし鶯のなく

마사오카 시키

가을까지의
목숨도 모르는데
봄 들판에서
철 지난 싸리 뿌리
태우고 또 태우네

秋までのいのちもしらず春の野に
萩のふる根を焼くと焼くかな

이즈미 시키부

봄날의 한낮
이곳의 항구에는
오지도 않고
곶을 스쳐 지나며
떠나는 배가 있네

春白昼ここの港に寄りもせず
岬を過ぎて行く船のあり

            와카야마 보쿠스이

구름 두 조각
서로 만나려다가
다시 갈라져
저 멀리 사라졌네
봄날의 푸른 하늘

雲ふたつ合わむとしてはまた遠く
分れて消えぬ春の青ぞら

            와카야마 보쿠스이

꽃은 모조리
떨어져버렸구나
깊어가는 봄
등꽃은 지지 마라
좀 더 보고 싶으니

花はみな散りはてぬめり春深き
藤だに散るないましばし見む

             이즈미 시키부

이 세상은
저물어가는 봄의
끝자락인가
어제까지는 꽃이
한창인가 싶더니

世の中は暮れゆく春の末なれや
きのふは花の盛とか見し

             이즈미 시키부

오월이 왔다
물망초도
나의 사랑도
이제 은은하게
향기가 피어나리

五月来ぬわすれな草もわが恋も
今しほのかににほひづるらむ
아쿠타가와 류노스케

보리밭의
연둣빛과 벨벳의
양귀비꽃
오월의 하늘에
산들바람이 부네

麦畑の萌黄天鵞絨芥子の花
五月の空にそよ風の吹く
아쿠타가와 류노스케

오월을 기다려
여름귤나무 꽃의
향기 맡으니
오래전 그 사람의
소매 향기가 나네

五月待つ花橘の香をかげば
昔の人の袖の香ぞする
                        작자 미상

바라보노라니
이 마음 향할 곳
어디에도 없네
봄의 끝자락에
해질 무렵의 하늘

ながむれば思ひやるべきかたぞなき
春のかぎりの夕暮の空
                        쇼쿠시 나이신노

들판에 나가
백합의 이슬방울
마셔보았네
메말랐던 혈기가
가슴에 솟을까 하여

野に出でてさゆりの露を吸ひてみぬ
かれし血のけの胸にわくやと
야마카와 도미코

소나무 잎
하나하나에 맺힌
하얀 이슬이
머물다 떨어지고
떨어졌다 머무네

松の葉の葉毎に結ぶ白露の
置きてはこぼれこぼれては置く
마사오카 시키

나의 사랑이
끝나가려 할 즈음
가지가지
초여름의 꽃들이
활짝 피어났구나

わが戀の終りゆくころとりどりに
初なつの花の咲きいでにけり

             와카야마 보쿠스이

바람이 스친다
보아라 초여름의
푸른 하늘을
푸른 잎사귀 위를
자, 나의 연인이여

風わたる見よ初夏のあを空を
青葉がうへをやよ恋人よ

             와카야마 보쿠스이

하얀 백조는
슬프지 않은 걸까
하늘의 파랑
바다의 파랑에도
물들지 않고 떠도네

白鳥はかなしからずや空の青
海のあをにも染まずただよふ

            와카야마 보쿠스이

여름이 왔다
사가미 바다 위를
부는 남풍에
내 눈동자 타오른다
내 마음 타오른다

夏は来ぬ相模の海の南風に
わが瞳燃ゆ我がこころ燃ゆ

            요시이 이사무

맨드라미는
너무나도 붉구나
미칠 것 같은
내 마음의 징조인가
너무나도 붉구나

鶏頭はあまりに赤しよわれ狂ふ
きざしにもあるかあまりに赤しよ

오카모토 가노코

온 세상이
전부 다 비로구나
보랏빛깔의
꽃잎이 늘어지며
제비붓꽃이 피네

天地はすべて雨なりむらさきの
花びら垂れてかきつばた咲く

구보타 우쓰보

수국 꽃송이
연푸른 물빛의
슬픔이 뚝뚝
떨어지는 저녁
저녁매미가 운다

紫陽花のその水いろのかなしみの
滴るゆふべ蜩のなく

          와카야마 보쿠스이

어제부터
색이 바래져버린
수국이 담긴
병을 사이에 두고
둘은 말이 없구나

昨日より色のかはれる紫陽花の
瓶をへだてて二人かたらず

          이시카와 다쿠보쿠

이 세상
사람들의 마음을
배운 듯하네
빨리도 변하는구나
수국 꽃이여

世の中のひとの心にならひけん
かはるにはやきあぢさゐの花

히구치 이치요

때때로
부는 바람의 틈을
생명 삼아
덧없이 머무는
연꽃잎 위의 이슬

折々の風のたえ間をいのちにて
はかなくとまる蓮葉の露

히구치 이치요

날아다니는
반딧불 빛 쓸쓸히
보이는 사이
여름은 이제 더
깊어져 가는구나

飛ぶ蛍ひかりさびしく見ゆるまに
夏は深くもなりにけるかも

히구치 이치요

한낮인데도
희미하게 빛나는
반딧불 하나
맹종죽 숲을 나와
사라져버렸네

昼ながら幽かに光る蛍一つ
孟宗の藪を出でて消えたり

기타하라 하쿠슈

동해 바다의
작은 섬 바닷가의
흰 모래 위에
나는 눈물에 젖어
게와 장난을 치네

東海の小島の磯の白砂に
われ泣きぬれて蟹とたはむる
                              이시카와 다쿠보쿠

생명이 없는
모래의 슬픔이여
사라락 사락
움켜쥐면 손가락
사이로 떨어지네

いのちなき砂のかなしさよさらさらと
握れば指のあひだより落つ
                              이시카와 다쿠보쿠

이름도 모를
자그마한 별을
찾아가서
살고 싶다 생각한
밤도 있었다네

名もしれぬちひさき星をたづねゆきて
住まばやと思ふ夜半もありけり
　　　　　　　　　　　　　　오치아이 나오부미

창에 기대어
그 이름 불러보니
별 하나가
흔들리는 듯 보였네
쓸쓸한 저녁

窓に倚りてその名を呼べば星ひとつ
揺らぐと見えつ寂しき夕
　　　　　　　　　　　　　　구보타 우쓰보

밤의 침상 위
누워서 바라보는
유리문 밖은
환한 달빛에
밤이 깊어져가네

夜の床に寝ながら見ゆるガラス戸の
外あきらかに月ふけわたる

마사오카 시키

하늘 저편에
흐르며 떨어지는
별이 있구나
슬퍼하는 이 몸의
생명이 떨어지듯

むかう空にながれて落つる星のあり
悲しめる身の命のこぼれ

사이토 모키치

해가 저무는가
싶더니 동이 트는
여름 밤을
아쉬워하며 우는
산속의 두견새

暮るるかと見れば明けぬる夏の夜を
飽かずとや鳴く山郭公
          미부노 다다미네

소나무 그늘 아래
솟구치며 흐르는
맑디맑은 물
수초 속의 물고기는
여름을 모르겠지

松蔭にわきて流るる眞清水の
藻にすむ魚は夏をしらじな
          마사오카 시키

그대가 돌연
분노의 목소리를
멈추었을 때
주룩주룩 내렸네
오월 밤의 장맛비

君はたと怒りの声を止めしとき
はらはらと来ぬ夜のさつき雨
　　　　　　　　　　　　오카모토 가노코

조개껍질이
떨어져 내린듯이
내 발가락의
발톱이 반짝이는
한낮의 욕탕 바닥

貝などのこぼれしごとく我が足の
爪の光れる昼の湯の底
　　　　　　　　　　　　오카모토 가노코

가을이 왔다
나를 울게 했던
죽도록 울린
돌처럼 무정하던
그 사람 그리워라

秋立ちぬわれを泣かせて泣き死なす
石とつれなき人恋しけれ
          와카야마 보쿠스이

오이풀이며
억새풀과 솔새풀
가을의 풀을
그 더없는 쓸쓸함을
당신에게 보내리

吾木香すすきかるかや秋くさの
さびしきさはみ君におくらむ
          와카야마 보쿠스이

온 세상에
나의 슬픔과
달빛이
가득히 퍼져
가을밤이 되었구나

あめつちにわが悲しみと月光と
あまねき秋の夜となりけり

이시카와 다쿠보쿠

그림자조차
얼어붙을 것 같은
차가운 달밤
나를 찾아온 것은
낙엽이었네

影さへも氷るばかりの月の夜に
とひ来る者は落葉なりけり

야마카와 도미코

국화꽃이
차갑게 닿았네
여느 때와 달리
맨얼굴이던
아침의 내 뺨에

菊の花冷たくふれぬめづらしく
素顔となりし朝の我頬に

         오카모토 가노코

창백하면서
춥고 또 차갑구나
보름달이 뜬
밤하늘을 닮은
하얀 국화꽃

青白し寒しつめたしもち月の
夜天に似たるしら菊の花

         요사노 아키코

바다 소리
산 소리 모두 다
파란 유릿빛
하늘에 잠겨 고요한
가을의 눈부신 날

海の声山の声みな碧瑠璃の
天に沈みて秋照る日なり

　　　　　　　　　　　　　와카야마 보쿠스이

가을 하늘
차가운 물속에
떠오르는
왠지 모를 슬픔을
이야기하는 달인가

秋の空冷たき水の中に立つ
うら悲しさを語る月かな

　　　　　　　　　　　　　요사노 아키코

쓸쓸함이란
그 어떤 색이라고도
할 수 없구나
푸른 나무 무성한
가을의 해질 무렵

寂しさはその色としもなかりけり
槇立つ山の秋の夕暮れ

자쿠렌

석산화가
한 무리 타오르고
가을 해 뜨겁네
그곳을 지나가는
고요한 오솔길

曼珠沙華一むら燃えて秋陽つよし
そこ過ぎてゐるしづかなる径

기노시타 리겐

그대가 죽으면
비구니가 되겠어요
말하는 사람과
사가노의 벌레 소리
듣는 저녁이구나

おくれば尼にならんといふ人と
嵯峨野のむしをきくゆふべかな

다니자키 준이치로

알 수가 없네
가을은 어찌하여
이유도 없이
갑자기 모든 게
슬퍼지는 것일까

おぼつかな秋はいかなるゆゑのあれば
すずろにもののかなしかるらむ

사이교

가을 밤이
새는 줄도 모르고
우는 벌레는
나처럼 무언가를
슬퍼하는 것일까

秋の夜のあくるも知らず鳴く虫は
我がごと物や悲しかるらむ

후지와라노 도시유키

베짱이의
수염이 살랑이며
오는 가을은
가만히 눈을 감고
마음으로 봐야지

馬追虫の髭のそよろに来る秋は
まなこを閉じて想ひ見るべし

나가쓰카 다카시

귀뚜라미야
슬피 울지 마라
가을 밤의
긴긴 그리움은
내가 훨씬 더하니

蟋蟀いたくななきそ秋の夜の
長き思ひは我ぞまされる

후지와라노 다다후사

하얀 이슬의
빛깔은 하나인데
어떻게 하여
가을의 나뭇잎을
색색으로 물들이나

白露の色はひとつをいかにして
秋の木の葉を千々にそむらむ

후지와라노 도시유키

생각해보니
가을에 피는 나무의
꽃을 닮아
마음이 향기로웠다
이별이 찾아온 날

思ひ出れば秋咲く木木の花に似て
こころ香りぬ別れ来し日や

와카야마 보쿠스이

등불의 빛이
밤하늘의 별처럼
나란히 떴네
하늘인지 바다인지
가릴 수 없을 만큼

ともし火は星のごとくにならびたり
空か海かとまがふ許りに

마사오카 시키

가을의 밤은
쓸쓸함이 더더욱
깊어만 가네
물가의 억새풀
서로 스치는 소리

秋の夜は淋しさうたたまさりけり
水邊の荻のともすりのこゑ

마사오카 시키

초승달은
외롭지 않을까
어슴푸레한
빛이 되어 쓸쓸히
바다로 들어가면

三日月は淋しからまし幽かなる
光となりて海に入りつつ

오카모토 가노코

고구려
백제 신라의 나라
내가 가 보니
내가 가는 곳마다
가을의 하얀 구름

高麗百済新羅の国を我行けば
我行く方に秋の白雲

나쓰메 소세키

풀이 무성한
궁궐의 옛터를
홀로 가보니
주춧돌을 스치는
고려의 가을바람

草繁き宮居の迹を一人行けば
礎を吹く高麗の秋風

나쓰메 소세키

쌀쌀함이
더해지는 밤의
창문 밖에는
빗소리를 속이는
포플러나무 소리

肌寒くなりまさる夜の窓の外に
雨をあざむくぽぷらあの音

나쓰메 소세키

산골 마을의
황폐해진 이 집을
환히 비추며
몇 대가 지났을까
가을의 달빛이여

山里に荒れたる宿をてらしつつ
幾世へぬらむ秋の月影

오노노 고마치

보는 사람도
없는데 떨어지는
깊은 산속의
단풍은 한밤의
비단이런가

見る人もなくて散りぬる奧山の
もみぢは夜の錦なりけり

 기노 쓰라유키

편백나무의
꼭대기 가지 위로
바람이 불고
나는 눈물 어린
눈을 깜박인다

あすなろの高き梢を風わたる
われは涙の目をしばたたく

 기노시타 리겐

눈에 스미는
이제 막 저물어간
겨울 하늘은
쪽빛으로 물들고
달이 가늘어졌네

眸にしみる暮れしばかりの冬空の
あいいろにして月細くなり

　　　　　　　　　　　　　가네코 군엔

쓸쓸함을
견뎌내는 사람이
있으면 좋으련만
암자를 나란히 두리라
겨울의 산골 마을

さびしさに堪へたる人のまたもあれな
庵ならべむ冬の山里

　　　　　　　　　　　　　사이교

단풍잎도
마음이 있는 걸까
보고 있으니
붉은 것부터 먼저
떨어지는구나

もみぢ葉も心あるらむ見てあれば
赤き方よりまづこぼれけり

요사노 뎃칸

저녁놀 지는
하늘 더없이 붉고
그 아래에는
얼어붙으려 하는
호수의 고요함

夕焼け空焦げきはまれる下にして
氷らんとする湖のしずけさ

시마키 아카히코

길을 걷다가
어린아이의 옆을
스쳐 지날 때
귤 향기가 풍겼다
겨울이 또 오는가

街をゆき子供の傍を通る時
蜜柑の香せり冬がまた来る

              기노시타 리겐

뒷골목에
버려진 강아지가
애처롭게 우는
몹시도 싸늘한
겨울의 비인가

裏まちにうちすてられし犬の子の
なく聲さむき冬のあめかな

              기노시타 리겐

동상에 걸린
자그마한 손으로
귤껍질 까던
내 아이 그립구나
바람이 차가운데

霜やけのちひさき手して蜜柑むく
わが子しのばゆ風のさむきに
                          오치아이 나오부미

겨울의 칩거
병든 침상 위에서
유리문 위의
흐릿함을 지우니
말리는 버선 보이네

冬ごもる病の床のガラス戸の
曇りぬぐへば足袋干せる見ゆ
                          마사오카 시키

그대를 보내는
아침의 디딤돌에
사박사박
눈이여 사과의
향기처럼 내려라

君かへす朝の鋪石さくさくと
雪よ林檎の香のごとく降れ

                                                        기타하라 하쿠슈

매화꽃인지
알아볼 수가 없네
온 하늘에서
눈이 자욱하게
온통 내려오니

梅の花それとも見えず久方の
天霧る雪のなべて降れれば

                                             가키노므토노 히토마로

이 겨울밤에
더없이 사랑스러운 것,
장미가 있고,
붉은색의 차가운
우표가 있네

この冬の夜に愛すべきもの、薔薇あり、
つめたき紅の郵便切手あり

와카야마 보쿠스이

어둠 속에
은빛의 눈을 가진
환상의 소녀가
있는 것만 같구나
겨울밤 눈을 뜨니

暗の中に銀色の目せる幻の、
少女あるごとし冬の夜目開けば

나카하라 주야

겨울인데도
하늘에서 꽃들이
떨어지는 건
구름 저 너머는
봄이라는 걸까

冬ながら空より花の散りくるは
雲のあなたは春にやあるらむ
                              기도하라노 후카야부

몸속에 스며
시리게 차갑구나
변치 않는 색의
소나무에도 불어오는
겨울의 바람 소리

身にしみて寒けかりけり色かへぬ
松にもかよふ木枯のこゑ
                                    히구치 이치요

눈이 내리니
나무마다 흰 꽃이
피어났구나
어느 것이 매화인 줄
알고 꺾을 것인지

雪降れば木ごとに花ぞ咲きにける
いづれを梅とわきて折らまし

기노 도모노리

겨울 동백이
진홍색으로 피어나
자그마한 꽃이
겨울나무 정원의
눈동자 같구나

寒つばき深紅に咲ける小さき花
冬木の庭の瞳のごとき

구보타 우쓰보

해질 무렵에
램프를 켜니
잠시 동안
마음이 고요해져
아무것도 하지 않네

ゆふさりてランプともせばひと時は
心静まりて何もせず居り

사이토 모키치

어느 겨울밤
옅은 다홍색 종이
가장자리에
흩어지는 등불 그림자
마음이 설레이네

冬の夜もうすくれなゐの紙のはし
散れる灯かげは心ときめく

요사노 아키코

나무 위에서
눈이 녹은 물방울
떨어져 내려
그 소리를 듣고는
발걸음을 멈춘다

木立より雪解のしづく落つるおと
聞きつつわれはあゆみをとどむ

사이토 모키치

써야 할 글을
전부 다 쓰고 나니
겨울의 해가
저물어가는 동안
눈이 내려오네

書くものはみな書きをへて冬の日の
暮るるに間あり雪の降りくる

가네코 군엔

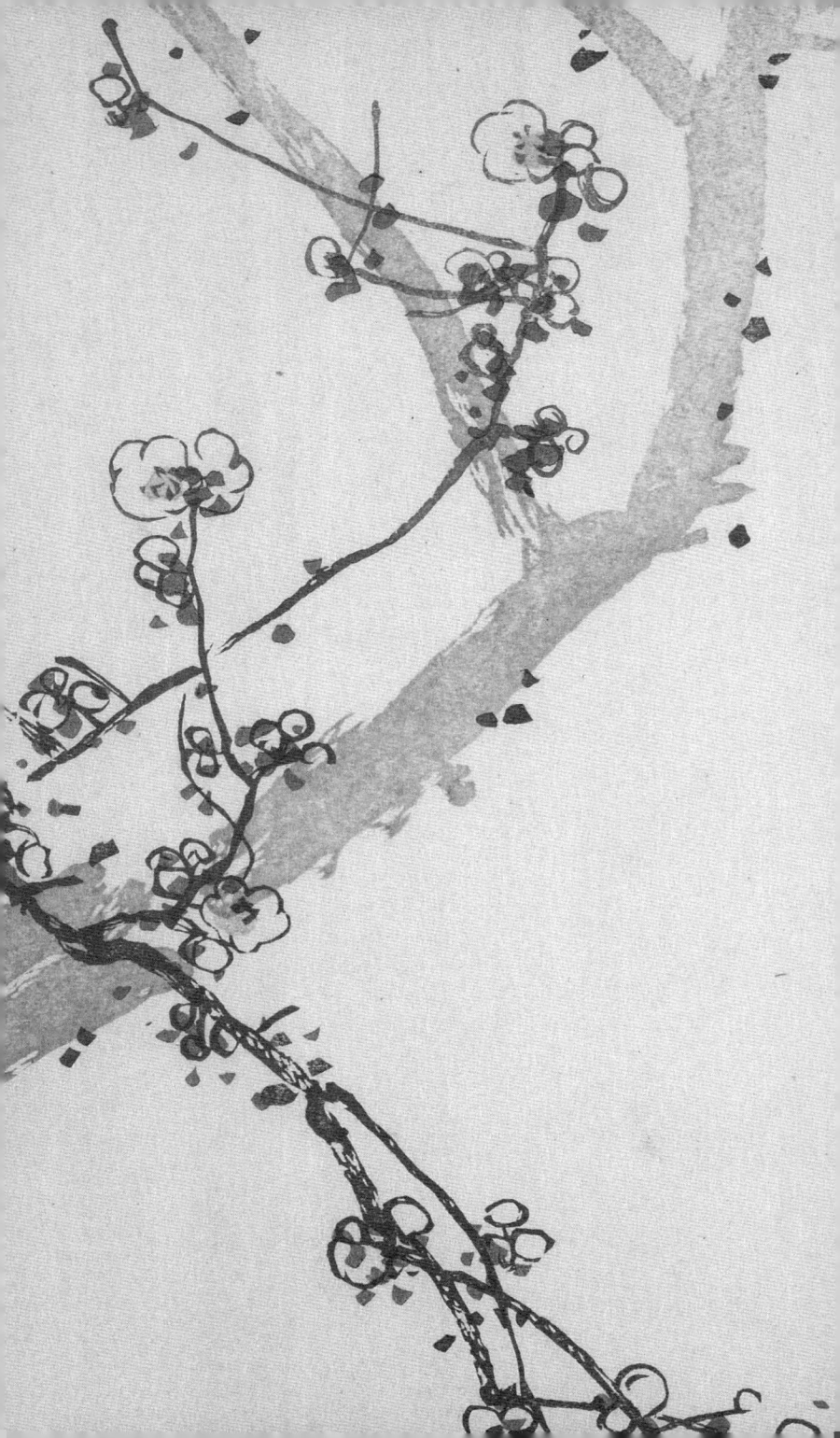

3장
눈물은 이렇게나 무거운 것이었나

잔모래처럼
수없이 많은 별들
그 가운데에
나를 바라보면서
빛나는 별이 있다

真砂なす数なき星のその中に
吾に向ひて光る星あり

마사오카 시키

아무튼
이유 없이 쓸쓸하네
저녁 하늘에
떠 있는 샛별처럼
이유 없이 쓸쓸하네

ともかくむしやうに淋し夕空の
一つ星のやうにむしやうに淋し

아쿠타가와 류노스케

덧없이 흘러간
날들을 헤아려보니
꽃을 보며
생각에 잠기던
봄도 지나갔구나

はかなくて過ぎにしかたを数ふれば
花に物思ふ春ぞ経にける

                              쇼쿠시 나이신노

세월이 흘러
꽃의 거울이 된 물은
꽃잎이 떨어져
덮이는 것을 보고
흐려진다 하는가

年を経て花の鏡となる水は
ちりかかるをや曇ると言ふらむ

                                        이세

스무 살 그 아이
빗질에 흘러내리는
검은 머리칼
자신만만한 봄의
아름다움이런가

その子二十櫛にながるる黒髪の
おごりの春のうつくしきかな

　　　　　　　　　　　　요사노 아키코

검은 머리칼
천 갈래 어지러이
헝클린 머리
나 역시 어지러이
생각이 흐트러져

くろ髪の千すじの髪のみだれ髪
かつおもひみだれおもひみだるる

　　　　　　　　　　　　요사노 아키코

부드러운 살
뜨거운 피를
느껴보지도 않고
쓸쓸하지 않나요
도덕을 말하는 당신

やは肌のあつき血汐にふれも見で
さびしからずや道を説く君

           요사노 아키코

가슴속 맑은 물
넘쳐흘러 마침내
탁해졌구나
당신은 죄의 자식
나 또한 죄의 자식

むねの清水あふれてつひに濁りけり
君の罪の子我も罪の子

           요사노 아키코

이 세상이
덧없는 것이라고
깨달은 순간
갈수록 점점 더
슬퍼져만 갔네

世の中は空しきものと知る時し
いよよますます悲しかりけり

        오토모노 다비토

이 세상에서
즐겁게 산다면
다음 생에는
벌레든 새든
나는 되리라

この世にし楽しくあらば来む生には
虫に鳥にもわれはなりなむ

        오토모노 다비토

남김 없이
다 지는 것이 멋진
벚꽃이여
살아봤자 이 세상
끝내는 근심이니

残りなく散るぞめでたき桜花
ありて世の中はての憂ければ

        작자 미상

꽃의 색은
바래져버렸구나
덧없이 내가
생각에 잠기어
긴 비를 보는 사이에

花の色はうつりにけりないたづらに
わが身世にふるながめせしまに

        오노노 고마치

이 세상에
벚꽃이 하나도
없었더라면
봄날의 마음은
평온했을 텐데

世の中にたえて桜のなかりせば
春の心はのどけからまし
         아리와라노 나리히라

벚꽃이여
어지러이 흩날려라
늙음이란 게
찾아온다고 하니
길을 잃어버리게

さくら花散りかひくもれ老いらくの
来むといふなる道まがふがに
         아리와라노 나리히라

날이 저물어
불빛 향해 서두르는
나그네의
서글프고 고요한
마음이 되어가네

行き暮れて灯影へ急ぐ旅人の
かなしく靜けき心となりたや

오카모토 가노코

세상천지에
오로지 나만 홀로
서 있는 듯한
나의 이 쓸쓸함을
그대는 미소 짓네

あめつちにわれひとりゐてたつごとき
このさびしさをきみはほほゑむ

아이즈 야이치

머리 올려
꽂아준다 했던
하얀 장미도
모조리 져버렸네
병든 내 머리맡에

髪あげて挿さむと云ひし白ばらも
のこらずちりぬ病める枕に
야마카와 도미코

추억이
부서지고 흩어져
소용돌이치며
푸른 들 멀리멀리
바람과 날아간다

おもひ出のくだけて散りてうづまきて
青野千里を風とふき行く
야마카와 도미코

이다음 생은
물론 이번의 생도
바라지 않는
나의 가슴속으로
벚꽃이 떨어지네

後世は猶今生だにも願はざる
わがふところにさくら来て散る
야마카와 도미코

여자가 되어
또 한 번 다음 생에
태어나리라
꽃도 그리워지고
달도 그리워지네

をみなにて又も来む世ぞ生まれまし
花もなつかし月もなつかし
야마카와 도미코

고향에 있는
산을 마주하니
할 말이 없네
고향에 있는 산은
고마운 것이구나

ふるさとの山に向ひて言ふことなし
ふるさとの山はありがたきかな
이시카와 다쿠보쿠

내 고향 땅의
사투리가 그리워
정거장에서
북적대는 사람들
말을 들으러 간다

ふるさとの訛なつかし停車場の
人ごみの中にそを聴きにゆく
이시카와 다쿠보쿠

나의 이름을
아련히 불러보며
눈물 흘리던
열네 살의 봄으로
돌아갈 순 없구나

己が名をほのかに呼びて涙せし
十四の春にかへる術なし
         이시카와 다쿠보쿠

고즈카타
성 안의 풀밭 위에
드러누워서
하늘에 빨려들던
열다섯 살의 마음

不来方のお城の草に寝ころびて
空に吸はれし十五の心
         이시카와 다쿠보쿠

일을 해도
일을 해도 여전히
나의 생활은
편해지지가 않네
가만히 손을 본다

はたらけどはたらけど猶わが生活
楽にならざりぢつと手を見る
          이시카와 다쿠보쿠

북적이는
전차 한구석에
몸을 웅크린
매일 저녁 나의
애처로운 모습

こみ合へる電車の隅にちぢこまる
ゆふべゆふべの我のいとしさ
          이시카와 다쿠보쿠

촉촉하게
눈물을 머금은
모래 구슬
눈물은 이렇게나
무거운 것이었나

しっとりとなみだを吸へる砂の玉
なみだは重きものにしあるかな
         이시카와 다쿠보쿠

눈을 감아도
마음에 떠오르는 건
아무것도 없네
쓸쓸해져 다시
눈을 뜨는구나

眼閉づれど、心にうかぶ何もなし。
さびしくも、また、眼をあけるかな
         이시카와 다쿠보쿠

친구들 모두
나보다 번듯하게
보이는 날엔
꽃을 사 와서 아내와
정답게 지낸다

友がみなわれよりえらく見ゆる日よ
花を買ひ来きて妻としたしむ
이시카와 다쿠보쿠

뺨에 흐르는
눈물도 닦지 않고
한 줌의 모래
보여주던 사람을
나는 잊지 못하네

頬につたふなみだのごはず一握の
砂を示しし人を忘れず
이시카와 다쿠보쿠

숨을 쉬면
가슴 속에서 울리는
소리가 있네
겨울바람보다도
쓸쓸한 그 소리!

呼吸すれば、胸の中にて鳴る音あり。
風よりもさびしきその音!
이시카와 다쿠보쿠

장난삼아
어머니를 업으니
너무나도
가벼워 눈물이 나
세 발짝도 못 걸었네

たはむれに母を背負ひてそのあまり
軽きに泣きて三歩あゆまず
이시카와 다쿠보쿠

모르는 채로
있었으면 좋았을 걸
하룻밤 사이
지금의 내 마음은
어제와 같지 않네

知らなくてありなむものを一夜ゆゑ
心は今は昨日にも似ず
나가쓰카 다카시

나라고 하는
사람의 마음은
오직 나 하나
나 말고 그 누구도
아는 사람은 없다

我という人の心はただひとり、
われより外に知る人はなし
다니자키 준이치로

정처 없이
새는 날아가리라
푸른 산의
푸른 쓸쓸함
끝이 없으니

定めなく鳥やゆくらむ青山の
青のさびしさ限りなければ

다케히사 유메지

이제 떠나네
죽고 난 뒤에 가져갈
추억이 되게
지금 한 번이라도
만날 수만 있다면

あらざらむこの世の外の思ひ出に
今ひとたびの逢ふこともがな

이즈미 시키부

빛나는 별이
깜빡이며 내리는
서리 조각들
무덤의 돌들이
달빛에 빛나네

きら星のまたゝきに降る霜のかけら
墓の石石は月光に照り

미야자와 겐지

나 홀로
잠 못 드는 잠 못 드는
한밤중에
창에 걸린 것은
붉게 그을린 달

われひとりねむられずねむられずまよなかに
窓にかゝるは赭焦げの月

미야자와 겐지

모든 걸 다
그만둬버리라고
조각달이 뜬
하늘을 바라보니
내려와 앉은 안개

何もかもやめてしまへと弦月の
空にむかへば落ちきたる霧

미야자와 겐지

이렇게 다시
겨울이 되어가는
한밤의 하늘
떠다니는 안개에
스치는 달빛

かくてまた冬となるべきよるのそう
漂ふ霧にふれる月光

미야자와 겐지

바다 밑에는
눈 없는 물고기가
산다고 한다
눈 없는 물고기가
그리워지는구나

海底に眼のなき魚の棲むといふ
眼の無き魚の恋しかりけり
         와카야마 보쿠스이

몇 개의 산과
강을 넘어 가야
쓸쓸함이
끝나는 나라일까
오늘도 길을 가네

幾山河越えさり行かば寂しさの
終てなむ国ぞ今日も旅ゆく
         와카야마 보쿠스이

내 곁에 있는
가을의 풀꽃들이
말하는구나
사라져간 것들은
그리운 법이라고

かたはらに秋ぐさの花かたるらく
ほろびしものはなつかしきかな
　　　　　　　　　　　　와카야마 보쿠스이

이제 가야지
가서 아직 못다 본
산을 보리라
이 쓸쓸함을
그대는 견디려나

いざ行かむ行きてまだ見ぬ山を見む
このさびしさに君は耐ふるや
　　　　　　　　　　　　와카야마 보쿠스이

빈랑나무
고목을 생각해주오
그 나뭇잎 그늘
바다를 보고 있는
돌을 닮은 남자도

檳榔樹の古樹を想へその葉陰
海見て石に似る男をも
                                          와카야마 보쿠스이

그저 그립다
원망이나 분노는
자취도 없네
해 저물고 여관의
난간에 기대니

ただ恋しうらみ怒りは影もなし
暮れて旅籠の欄に倚るとき
                                          와카야마 보쿠스이

언제까지나
풀 수 없는 한 가지
불가사의가
살아 움직인다고
스스로를 생각한다

とこしへに解けぬひとつの不可思議の
生きてうごくと自らをおもふ
와카야마 보쿠스이

나팔꽃
한 송이 피어나는
대나무 뒤쪽
애틋한 것은
생명이런가

朝顔のひとつはさける竹のうら
ともしきものは命なるかも
아쿠타가와 류노스케

언제인지도
모르게 어린 날의
슬픔을
나에게 가르쳐준
오동나무 꽃이여

いつとなくいとけなき日のかなしみを
われにおしへし桐の花はも
        아쿠타가와 류노스케

몇 개의 강산을
떠도는 것보다
슬픈 것은
도시의 대로를
혼자서 걷는 것

幾山河さすらふよりもかなしきは
都大路をひとり行くこと
        아쿠타가와 류노스케

힘 같은 것은
원치 말고 약하게
아름답게
태어난 그대로의
남자로 있어라

力など望まで弱く美しく
生まれしまゝの男にてあれ
        오카모토 가노코

가끔씩은
그대 곁을 떠나서
해질 무렵의
고요함 같은 것도
즐겨보고 싶구나

折々は君を離れてたそがれの
静けさなども味はいて見む
        오카모토 가노코

눈 아래에
살짝 남아 있는
옅은 화장이
아침 거울 속에
비치는 쓸쓸함

眼の下にすこしのこれる寝おしろい
朝の鏡にうつるわびしさ
오카모토 가노코

무엇이든
마음속에 품고서
참아내건만
어찌하여 눈물이
먼저 알아차리나

なにごとも心にこめて忍ぶるを
いかで涙のまづしりぬらん
이즈미 시키부

죽음 가까운
어머니 곁에 누우니
고요함 속에
멀리 논 개구리가
하늘 높이 들리네

死に近き母に添寝のしんしんと
遠田のかはづ天に聞ゆる

사이토 모키치

목구멍 붉은
제비 두 마리가
들보에 앉아 있고
길러주신 어머니는
돌아가시는구나

のど赤き玄鳥ふたつ屋梁にゐて
足乳ねの母は死にたまふなり

사이토 모키치

별이 떠 있는
밤하늘 아래에서
붉디붉게
그리운 어머니는
불길에 사라졌네

星のゐる夜ぞらのもとに赤赤と
ははそはの母は燃えゆきにけり
          사이토 모키치

붉고 붉게
한 줄기 길이
지나갔네
길고 덧없는 나의
생명이었구나

あかあかと一本の道とほりたり
たまきはる我が命なりけり
          사이토 모키치

무슨 생각을
하는 거냐고 내게
물어줄 만한
친구를 얻고 싶은
봄밤의 달

何事のおもひありやと問ふほどの
友得まほしき春のよの月
　　　　　　　　　　　　　히구치 이치요

화창한
하늘빛이로구나
세월이 흘러
느슨해지는 것은
사람의 마음뿐인가

のどかなる空の色かな年たちて
ゆるぶは人のこころのみかは
　　　　　　　　　　　　　히구치 이치요

누구라도
이렇게 되고 싶겠지
이 꽃처럼
말이 없어도 다들
사랑해주니까

誰もかくあらまほしけれこの花の
いはぬにひとのなほもめづらん
히구치 이치요

허무하게
흘려보낸 세월이
부끄러워서
고개 돌리면서도
보게 되는 달빛이여

いたづらに過ぎこし年を恥かしみ
そむきてもみる月のかげかな
히구치 이치요

고양이 안고
오래오래 한참을
쓰다듬었네
내 모든 자신감이
사라져버린 날에

猫を抱きやや久しく撫でやりぬ
すべての自信滅び行きし日

　　　　　　　　　　　　　　나카하라 주야

화가 치밀어
원고지 석 장을
찢어버렸다
넉 장째부터는
아깝게 느껴지네

腹たちて紙三枚をさきてみぬ
四枚目から惜しく思はる

　　　　　　　　　　　　　　나카하라 주야

멀어져가는
항구 마을의 불빛이
슬프구나
저녁 바다를
나의 배는 간다

遠ざかる港の町の灯は悲し
夕の海を我が船はゆく

나카하라 주야

아름다운
온갖 꿈들이
둑길을 따라
사라져가는구나
아득한 하늘

うつくしきさまざまの夢土手づたひ
きえてゆくかなたひらかの空

나카하라 주야

과자 달라고
엄마 소맷자락에
매달리는
그 아이의 마음도
되어보고 싶구나

菓子くれと母のたもとにせがみつく
その子供心にもなりてみたけれ
                                      나카하라 주야

나의 마음은
나만 아는 거야!
그러고는
가을 들길에서
나는 홀로 운다

我が心我のみ知る!といひしま
秋の野路に一人我泣く
                                      나카하라 주야

나의 아내가
연보라색 옷 입고
비에 젖은 채
집으로 돌아왔네
그 모습이 좋구나

我妻は藤色衣直雨に
濡れて帰り来その姿良し
　　　　　　　　　　　　　　　　요사노 뎃칸

나처럼
덧없는 것은 다시
없을 거라고
생각하니 더더욱
덧없게 여겨졌네

我がごとやはかなきものは又もあらじと
思へばいとどはかなかりけり
　　　　　　　　　　　　　　　　료칸

드넓은 하늘의
먼지라고
어찌 생각할 수 있으랴
뜨거운 눈물이
흐르고 있는데

頬につたふなみだのごはず一握の
砂を示しし人を忘れず

요사노 뎃칸

돌을 던지면
비가 온다고 하는
바다의 수면은
너무나도 푸르고
슬펐구나

石投げば雨ふるといふうみの面は
あまりに青くかなしかりけり

미야자와 겐지

제비붓꽃이
피기 시작했지만
나의 눈에는
올해가 마지막인
봄이 가려고 하네

いちはつの花咲きいでて我目には
今年ばかりの春行かんとす

                                            마사오카 시키

봄의 여신과
헤어지니 슬퍼라
다가올 봄에
다시 만날 수 있는
몸이 아니기에

佐保神の別れ悲しも来ん春に
ふたたび会はんわれならなくに

                                             마사오카 시키

바라건대
벚꽃 아래에서
봄날에 죽으리라
그 음력 이월의
보름달 뜰 무렵에

願はくは花の下にて春死なむ
そのきさらぎの望月のころ

            사이교

슬픔을 아는
하늘에게도 마음이
있기에
눈물에 비를
더해주었구나

あはれ知る空も心のありければ
涙に雨を添ふるなりけり

            사이교

어찌하면 내가
맑고 흐리지 않은
몸이 되어서
마음속 달의 그림자를
닦을 수 있을까

いかでわれ清く曇らぬ身になりて
心の月の影をみがかん

            사이교

죽음은 쉬운
것이구나 생각하네
희부옇게
무덤이 많이 서 있는
겨울 풀 위에서

死はやすきものとしおもふ白々と
墓おほく立つ冬草の上

          오노에 사이슈

지금 내게는
세상도 하나님도
부처님도 없네
운명이여 날이 선
도끼 휘두르며 오라

今のわれに世なく神なくほとけなく
運命するどき斧ふるひ来よ

야마카와 도미코

죽을까 말까
생각에 휩싸인 날
내가 몸소
처음으로 깨달은
나의 생명이여

死ぬ死なぬおもひ迫る日われと身に
はじめて知りしわが命かな

와카야마 보쿠스이

아득히 오랜
이와레의 못에서
우는 오리를
나는 오늘만 보고
구름 속으로 사라질까

ももったふ磐余の池に鳴く鴨を
今日のみ見てや雲隠りなむ

　　　　　　　　　　　　　　　오쓰노 미코

알아야 할 것은
거의 대부분
알아버렸으니
이제 무엇을 보나
넓은 하늘을 본다

知りぬべきことは大かた知りつくし
今何を見る大空を見る

　　　　　　　　　　　　　　　요사노 뎃칸

왠지 모르게
역시나 아까운
목숨이구나
살아있으면 누군가
알아줄지도 모르니

なにとなくさすがに惜しき命かな
ありへば人や思ひ知るとて
                                    사이교

이 세상에서
마음이 새벽빛처럼
환한 사람은
이렇게 어둠 속을
헤매진 않을 텐데

世の中に心ありあけの人は皆
かくて闇には迷はぬものを
                                    사이교

퍼져가다가
이내 사라지는
물결 모양과
참 닮지 않았는가
인간 세상과 명성은

ひろごりてやがて消えゆく波の輪に
よく似たらずや人の世は名は
오노에 사이슈

지금의 세상은
다가올 세상의 그림자인가
그림자라면
이 노래는 그날의
예언이 되어주기를

今の世は来むせの影か影ならば
歌はその日の予言ならまし
오노에 사이슈

꿈 같은 세상에서
또 꿈을 꾸는
나그네의 잠
잠에서 깨어 외로이
생각에 잠기네

夢の世に又夢結ぶ草枕
寝覚淋しく物思ふかな

료칸

모든 것이
전부 다 옛일이
되어버렸네
꽃잎 위에 눈물을
쏟는 오늘이여

何ごとも皆むかしとぞなりにける
花に涙をそそぐ今日かも

료칸

아 슬프구나
내 몸의 끝이여
옅은 초록빛
끝내는 들판 위의
안개라 생각하니

あはれなりわが身の果てや浅緑
つひには野辺の霞と思へば

오노노 고마치

목숨줄이여
끊길 테면 끊겨라
이어진다면
참고 숨기는 마음
약해질까 두렵네

玉の緒よ絶えなば絶えねながらへば
忍ぶることのよわりもぞする

쇼쿠시 나이신노

결국엔 가야 할
길인 것을 일찍이
들었지만
어제 오늘일 줄은
생각지도 못 했네

つひにゆく道とはかねて聞きしかど
昨日今日とは思はざりしを
       아리와라노 나리히라

유품으로는
무엇을 남길까
봄에는 꽃
산에는 두견새
가을엔 단풍잎을

形見とて何か残さん春は花
山ほととぎす秋はもみぢ葉
       료칸

작가 소개

가네코 군엔 (金子薫園) 1876~1951
메이지에서 쇼와 시대의 가인. 오노에 사이슈와 함께 와카혁신운동을 일으켰다. 알기 쉽고 명료한 서경시를 많이 남겼다.

가키노모토노 히토마로 (柿本人麻呂) 생몰년 미상
아스카 시대의 관료, 가인. 전통을 바탕으로 독창적이면서 자유롭고 화려한 기교를 이용한 작풍으로 《만요슈》 중 제일의 가인으로 인정받는다.

구보타 우쓰보 (窪田空穂) 1877~1967
쇼와 시대의 가인, 국문학자. 일상을 소재로 인생과 심경을 읊은 시가 많으며, 정감 있고 쉬우며 명료한 현실주의적 작풍이 특징이다.

기노시타 리겐 (木下利玄) 1886~1925
메이지 시대의 가인. 시가 나오야 등과 함께 《시라카바》를 창간하여 소설을 쓰기도 했다. 사실주의적 가풍에 자신만의 휴머니즘을 도입한 독자적인 가풍을 이루었다.

기노 도모노리 (紀友則) 생몰년 미상
헤이안 시대의 가인으로 36가선(歌仙) 중 한 사람. 《고킨와카슈》의 편찬자 중 하나였지만 완성되기 전에 사망했다.

기노 쓰라유키 (紀貫之) 생몰년 미상
헤이안 시대의 가인으로 36가선 중 한 사람. 《고킨와카슈》의 편찬자 중 하나로 가단의 제일인자로 인정받았다. 《고킨와카슈》의 서문은 가나로 쓰인 훌륭한 와카 가론으로 평가받는다.

기요하라노 후카야부 (淸原深養父) 생몰년 미상

헤이안 시대의 가인. 중고(中古) 36가선 중 한 사람.《고킨슈》등의 칙찬와카집에 많은 와카가 실려 있다.

기타하라 하쿠슈 (北原白秋) 1885~1942

메이지에서 쇼와 시대의 시인, 동화 작가. 생애 수많은 시가를 남겨 근대 일본을 대표하는 시인으로 평가받는다.

나가쓰카 다카시 (長塚節) 1879~1915

메이지 시대의 가인, 소설가. 마사오카 시키에게 사사했다. 시키의 사생 문학을 이어받아 청명한 가풍의 시를 많이 남겼다.

나카하라 주야 (中原中也) 1907~1937

쇼와 시대의 시인. 고풍스러우면서 근대적 애수를 담은 시풍으로 쇼와 시대를 대표하는 시인으로 평가받는다. 대표 시집으로《염소의 노래》,《지난날의 노래》가 있다.

나쓰메 소세키 (夏目漱石) 1867~1916

메이지를 대표하는 소설가. 소설 외에도 하이쿠, 한시 등 시를 많이 남겼지만 단카는 9수만 남아 있다.

다니자키 준이치로 (谷崎潤一郎) 1886~1965

메이지, 쇼와 시대의 소설가. 탐미적, 악마주의적 작품 경향이 특징이다. 후기에는 고전적인 일본의 미에 경도되어 독자적인 세계를 구축했다.

다카시나노 기시 (高階貴子) ?~996

헤이안 시대의 가인.《신고킨와카슈》등에 6수가 남아 있다.

다케히사 유메지 (竹久夢二) 1884~1934

메이지, 다이쇼 시대의 화가, 시인. 미인화와 함께 서정적 표현의 시는 다이쇼 청년들에게 큰 영향을 미쳤다.

도겐 (道元) 1200~1253

가마쿠라 시대의 선승. 일본 조동종의 종조.

료칸 (道良寬) 1758~1831

에도 시대의 선승. 평생 절에 머무르지 않고 여러 지방을 떠돌며 독자적인 고담한 경지를 와카와 한시로 표현했다.

마사오카 시키 (正岡子規) 1868~1912

메이지의 대표 문학자 중 하나로 근대 하이쿠를 정립했다. 죽음을 앞둔 자신의 육체와 정신을 객관적으로 바라보며 서술한 수필집이 유명하다.

무라카미 덴노 (村上天皇) 926~967

62대 천황. 문학을 좋아하여 칙찬 와카집 편찬 기구를 설치하여 와카집을 내고 많은 문인을 배출하기도 했다.

미나모토노 마사즈미 (源当純) 생몰년 미상

헤이안 시대의 귀족, 가인. 본서에 실린 시는《고킨와카슈》에 실린 1수의 와카다.

미부노 다다미네 (壬生忠岑) 생몰년 미상

헤이안 시대의 가인으로 36가선 중 한 사람.《고킨와카슈》의 편찬자 중 하나다.

사이교 (西行) 1118~1190

헤이안, 가마쿠라 시대의 승려, 가인. 솔직하고 명료하며 진실감이 넘치는 작풍이 특징이다. 여행지에서 겪은 현실 체험에 바탕을 둔 작품이 많다.

사이토 모키치 (斎藤茂吉) 1882~1953

다이쇼, 쇼와 시대의 가인이자 의학박사. 초기에는 강렬한 인간 감정을 표현한 시를 쓰다가 후에는 삶의 애상을 조용히 노래하는 가풍으로 변해 갔다.

쇼쿠시 나이신노 (祝子内親王) 생몰년 미상

가마쿠라부터 남북조 시대의 부인으로 하나조노 천황의 딸. 《후가와카슈》에 10수가 실려 있다.

시마키 아카히코 (島木赤彦) 1876~1926

메이지 시대의 가인. 단카 잡지 《아라라기》에서 편집을 담당했다. 사실적 가풍을 확립하며 《아라라기》의 중심 작가로 활동했다.

아리와라노 나리히라 (在原業平) 825~880

헤이안 시대의 가인으로 헤이제이 천황의 손자. 6가선, 36가선 중 한 사람. 뛰어난 용도와 재능을 가진 인물로, 《이세모노가타리》의 주인공의 모델이라는 설도 있다.

아이즈 야이치 (会津八一) 1881~1956

다이쇼, 쇼와 시대의 가인, 미술사가. 1948년 《아이즈 야이치 가집》으로 요미우리 문학상을 수상했다.

아쿠타가와 류노스케 (芥川龍之介) 1892~1927

메이지 시대의 소설가. 나쓰메 소세키의 제자로 여러 걸작 단편을 남겼다. 하이쿠 시인으로도 활동하며 하이쿠, 단카 등도 많이 썼다.

야마베노 아카히토 (山部赤人) 생몰년 미상

나라 시대의 가인. 《만요슈》의 대표 가인으로 36가선 중 한 사람. 자연을 읊은 서경가가 특히 평가를 받는다.

야마카와 도미코 (山川登美子) 1879~1909

메이지 시대의 가인. 요사노 뎃칸을 둘러싸고 친구 요사노 아키코와의 삼각관계에서 비롯된 억제되고 조용한 표현의 사랑 노래가 많다.

오노에 사이슈 (尾上柴舟) 1876~1957

쇼와 시대의 가인, 국문학자. 단카 잡지 《미즈가메》를 주재했다.

오노노 고마치 (小野小町) 생몰년 미상

헤이안 시대의 가인으로 6가선, 36가선 중 한 사람. 애수와 체념이 담긴 이룰 수 없는 사랑을 노래한 시가 많다.

오카모토 가노코 (岡本かの子) 1889~1939

다이쇼, 쇼와 시대의 소설가, 가인. 요사노 아키코에게 사사하고 단카를 발표하기 시작했다.

오쿠마 고토미치 (大隈言道) 1798~1868

에도 시대 가인. 자유롭고 참신한 시풍으로 자신이 지금 살고 있는 시대를 자각하는 것을 평생 철저하게 실천하며 노래로 읊은 것이 특징이다.

오토모노 다비토 (大伴旅人) 665~731

나라 시대의 귀족으로 《만요슈》의 대표 가인. 한시문의 조예가 깊었고, 정감이 넘치는 인간사, 인생의 무상함을 노래한 것이 많다.

오토모노 야카모치 (大伴家持) 718~785

나라 시대의 귀족, 가인으로 36가선 중 한 사람. 《만요슈》에 473수가 실려 있어 《만요슈》에 가장 많은 와카가 실린 가인이다.

오쓰노 미코 (大津皇子) 663~636

40대 덴무 천황의 아들. 문무에 능해 유력한 천황 후보였지만, 덴무 덴노 사후에 모반 혐의로 죽임을 당한다. 그때 지은 사세구가 유명하다.

오치아이 나오부미 (落合直文) 1861~1903

메이지 시대의 가인, 국문학자. 전통적인 와카와 달리 작가의 개성을 존중하는 와카 혁신운동을 펼쳐, 요사노 뎃칸, 오노에 사이슈, 가네코 군엔 등의 인재를 육성했다.

와카야마 보쿠스이 (若山牧水) 1885-1928

메이지 시대의 가인. 현실을 있는 그대로 그리는 자연주의의 가인으로, 알기 쉽고 아름다운 노래는 지금도 많은 사랑을 받고 있다. 술과 여행의 시인으로 불리기도 한다.

요사노 뎃칸 (与謝野鉄幹) 1873~1935

메이지 시대의 시인, 가인. 오치아이 나오후미의 제자로 단가 혁신 운동을 일으켰다. 아니 요사노 아키코와 함께 메이지 낭만주의 가인을 여러 명 육성했다.

요사노 아키코 (与謝野晶子) 1878-1942

메이지 시대의 가인. 1901년의 첫 가집《헝클어진 머리》는 스승 요사노 뎃칸과의 사랑과 결혼에 이르기까지의 과정이 담긴 가집으로, 대담하고 과감한 표현으로 큰 반향을 일으켰다. 자유분방하고 정열적인 가풍으로 낭만주의 시가의 전성기를 보여주었다.

요시이 이사무 (吉井勇) 1886~1960

다이쇼, 쇼와 시대의 가인, 극작가, 소설가. 탐미주의적 작품으로 활동하다가 후에는 인간의 비애를 바라보는 시를 썼다.

이세 (伊勢) 생몰년 미상

헤이안 시대의 가인으로 36가선 중 한 사람.

이시카와 다쿠보쿠 (石川啄木) 1886~1912

메이지 시대의 시인, 가인, 평론가. 대표 가집《한 줌의 모래》,《슬픈 장난감》이 있다. 자연주의의 무사상성을 비판했으며 서정적이고 생활 감정을 대담하고 솔직하게 표현한 작품이 특징이다.

이즈미 시키부 (和泉式部) 생몰년 미상

헤이안 중기의 가인 중고 36가선 중 한 사람이다. 신선하고 정열적인 서정가를 많이 남겼다.

자쿠렌 (寂蓮) ?~1202

헤이안, 가마쿠라 시대의 가인, 승려. 사이교처럼 전국 각지를 떠돌며 가인으로 활동했다.《신고킨와카슈》의 편찬자로 뽑혔지만 완성되기 전 사망했다.

헨조 (遍昭) 816~890

헤이안 시대의 승려, 가인으로 6가선, 36가선 중 한 사람. 정감 넘치는 노래가 많았지만 후에 사물을 객관적으로 그려내는 작풍으로 변했다.

후지와라노 다다후사 (藤原忠房) ?~929

헤이안 시대의 귀족, 가인, 아악가. 중고 36가선 중 한 사람.

후지와라노 도시유키 (藤原敏行) 생몰년 미상

헤이안 시대의 가인. 36가선 중 하나로 글씨에도 뛰어났다. 기교를 부리지만 그것을 두드러지지 않고 자연스러운 느낌으로 읊은 노래가 많다.

후지와라노 요시타카 (藤原義孝) 954~974

헤이안 시대의 가인. 중고 36가선 중 한 사람. 아름다운 용모와 착한 품성으로 스물한 살에 병으로 세상을 뜬 그의 죽음은 와카와 함께 다양한 기록과 전설로 남아 있다.

히구치 이치요 (樋口一葉) 1872~1896

메이지 시대의 소설가, 가인. 일본 근대 문학을 대표하는 작가 중 하나. 어릴 때 와카를 배웠지만 부친의 사후 집안의 생계를 잇기 위해 직업 작가의 길로 들어섰다. 24세에 폐결핵으로 숨을 거두기 전까지 1년 반의 짧은 활동 기간 동안 여러 걸작을 남겼다.

옮긴이의 말

 와카(和歌)는 한시에 대비되는 일본 고유의 전통 시가입니다. 그 형식은 5음과 7음을 기본으로 하는데, 5, 7구를 몇 번 반복하다가 마지막에 7, 7로 끝나는 '조카(長歌)', 5, 7, 5, 7, 7의 31음으로 이루어진 '단카(短歌)', 그 밖에 세도카(旋頭歌) 등 여러 형식이 있지만, 근대 이후로는 대부분 단카를 지칭하는 말로 쓰이게 되었습니다.
 와카의 기원은 고대로 거슬러 올라가, 나라 시대의 《만요슈》에서 그 원형을 볼 수 있습니다. 그 후 헤이안 시대에 궁정과 귀족 문화의 중심이 되었고 《고킨와카슈》 등 칙명에 따른 칙선 와카집 등이 편찬되면서 형식이 정립되고 체계화되었습니다. 그 후 중세와 근세에 들어와서는 무사와 일반 서민들에게도 널리 퍼지면서 다양한 유파가 생겨나고, 에도 시대에는 하이쿠의 바탕이 되기도 합니다.
 와카에서 다루어지는 내용을 보면, 주로 사랑과 이별, 자연과 계절, 인생의 무상함 등을 주제로 한 것이 많은데 감정을 직접적으로 드러내기

보다는 함축과 암시, 여운을 통해 깊은 뜻을 표현하는 것이 와카의 미학이라고 할 수 있습니다.

   와카는 일본의 마음이라고도 합니다. 천 년의 시간을 일본인의 삶과 함께해온 만큼 와카는 일본의 문화와 예술, 생활 속에 깊이 스며들어 일본인의 마음속에 자리 잡고 있는 것입니다.

   헤이안 시대에 편찬된 최초의 칙선 와카집《고킨와카슈》의 서문은 이렇게 시작됩니다.

   와카는 사람의 마음을 씨앗으로 삼아, 무수한 말의 잎사귀가 된 것이다. 세상 사람들은 온갖 일들에 매여 있어, 마음속에 떠오른 생각을, 보고 들은 것에 빗대어 말로 표현하는 것이다. 꽃에서 우는 꾀꼬리, 물에 사는 개구리의 소리를 들으면, 살아 있는 것들 중에서 어느 누가 시를 읊지 않겠는가?

   와카는 인간의 마음을 솔직하게 말로 표현한 것입니다. 근엄할 것만 같은 황족이나 귀족들도 마음속 깊은 곳의 솔직함 심정을 있는 그대로 드러내고 있습니다. 그러니까 와카의 역사야말로 일본적 감성의 역사라고 할 수 있을 것입니다.

   천 년을 이어져 내려온 와카도 시대와 함께 조금씩 변화하게 됩니다. 근대의 가인들은 일본 고유의 문학 형식을 이어가면서도 서양 문학의 영

향을 받아 와카 혁신 운동을 제창하였습니다. 시의 소재도 다양해지고, 자유로운 용어나 풍부한 표현을 사용하는 등, 작가 개인의 주관과 개성을 중시하는 쪽으로 변해가며 지금까지 이어지고 있습니다.

《하루하루 와카》에는 《만요슈》부터 근대 단카에 이르기까지 총 50명, 296수의 와카를 실었습니다. 크게 3장으로 나누어, 사랑, 자연, 인생이라는 세 가지 테마로 소개했습니다.

와카를 표기할 때는 한 줄로 표기하는 것이 일반적이지만 근대 이후 형식의 변화도 일어나면서, 이시카와 다쿠보쿠는 세 줄 단카를 짓기도 했습니다. 여기서는 편의상 5, 7, 5, 7, 7로 행을 나누어 표기하고 원문을 함께 실었습니다. 되도록이면 원문의 5, 7, 5, 7, 7이라는 운율을 살려 옮기려고 했지만, 형식에 너무 얽매여 본연의 의미를 잃지 않도록 신경을 썼습니다.

와카를 읽고 한 줄 한 줄 옮기면서 서른한 글자의 세계가 이렇게 풍부하고 깊을 수 있구나 하는 생각을 자주 했습니다. 왠지 어렵고 생소하게 느껴질 수도 있는 와카의 매력을 많은 분들도 이 책으로 조금이나마 느낄 수 있기를 바랍니다.

옮긴이 박성민

도쿄외국어대학교 대학원에서 일본어학을 전공하고 통번역사로 일했다. 번역서로《책은 시작이다》,《심호흡의 필요》,《세상은 아름답다고》,《나쓰메 소세키 - 인생의 이야기》,《다자이 오사무 - 내 마음의 문장들》,《하루하루 하이쿠》등이 있다.

하루하루 와카

2025년 6월 15일 1쇄 찍음

지은이　이즈미 시키부, 이시카와 다쿠보쿠 외
펴낸곳　시와서 출판
펴낸이　송승현

출판등록　2016. 12. 6.
이메일　siwaseo@gmail.com
블로그　blog.naver.com/siwaseo
인스타그램　www.instagram.com/siwaseo

ISBN　979-11-91783-12-4

이 책의 저작권 및 출판권은 시와서 출판이 소유하며 무단복제를 금합니다. 잘못 만들어진 책은 구입하신 서점에서 교환해드립니다.